L'autobus magique

dans le corps humain

Joanna Cole
Illustrations de Bruce Degen
Texte français de Lucie Duchesne

Scholastic-TAB Publications Ltd.
123, Newkirk Road, Richmond Hill (Ontario) Canada

Copyright © Joanna Cole, 1989, pour le texte. Copyright © Bruce Degen, 1989, pour les illustrations. Copyright © Scholastic-TAB Publications Ltd., 1989, pour le texte français. Tous droits réservés.

ISBN 0-590-73478-4

Titre original : The Magic School Bus Inside the Human Body

Édition publiée par Scholastic-TAB Publications Ltd., 123, Newkirk Road, Richmond Hill (Ontario) Canada L4C 3G5

4321   Imprimé aux États-Unis   9/801234/9

Pour
Craig
de
Joanna
et Bruce

NOTRE CORPS EST FAIT DE CELLULES
par Sarah

On dirait que notre corps est fait tout d'une pièce, mais en fait, il est composé de trillions de petits morceaux appelés cellules.

Mon corps est fait de trillions de cellules.

Le mien aussi!

Le lendemain, Frisette nous a demandé de faire une expérience sur notre propre corps.

REGARDE TES CELLULES

La plupart des cellules sont si petites que nous pouvons les voir seulement au microscope.

① Râcle doucement l'intérieur de ta joue avec un cure-oreille.

② Dépose une goutte d'eau sur une lamelle et trempes-y le cure-oreille.

③ Ajoute une goutte de solution iodée pour colorer les cellules.

④ Place la lamelle sous le microscope: tu verras tes cellules.

Ho! Ho! Bizarre!

Puis, elle a annoncé que nous allions faire
une visite au musée des sciences.
Nous allions voir une exposition sur la façon
dont notre corps tire de l'énergie
des aliments que nous mangeons.

Vos cellules ont besoin
d'énergie pour que vous
puissiez grandir, bouger,
parler, penser et jouer.

Cellule
de prison
↳

Le seul fait
d'être dans la classe
de Mme Friselis prend
toute mon énergie.

À CHAQUE TYPE DE
CELLULE SON TRAVAIL
par Grégoire

Les cellules
des poumons
t'aident
à respirer.

Les cellules
des muscles
t'aident à
bouger.

Ode
aux
pizzas

Les cellules
de cerveau
t'aident à réfléchir.

Quand il a été temps de partir,
tout le monde est remonté dans l'autobus
— tout le monde, sauf Jérôme.
Il était toujours assis à la table de pique-nique,
en train de rêvasser tout en grignotant
des bâtonnets au fromage.

Votre corps <u>digère</u> les aliments que vous mangez, et vos cellules les utilisent pour fabriquer de l'énergie.

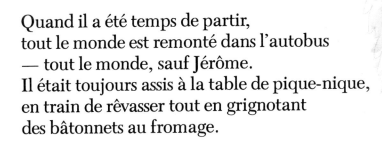

LE CORPS A BESOIN DE BONS ALIMENTS
par Mathilde

Pour avoir plein d'énergie et t'assurer une bonne croissance, mange beaucoup de :

fruits et légumes frais

lait et produits laitiers

céréales et pâtes alimentaires à grains entiers

viande maigre, poisson, volaille et oeufs

ET <u>PAS TROP</u> D'ALIMENTS VIDES !

VOCABULAIRE SCIENTIFIQUE
par Hélène-Marie

Le mot « digestion » vient du latin digerere, distribuer. Lorsque les aliments sont digérés, ils sont divisés en morceaux de plus en plus petits.

«Dépêche-toi, Jérôme!»
lui a crié Mme Friselis.
En voulant prendre
la clé de contact,
elle appuyé sur un drôle
de petit bouton.

Instantanément,
nous avons commencé
à rapetisser et à tournoyer
dans les airs.

De l'intérieur,
nous ne pouvions pas voi
ce qui se passait.
Nous avons senti
que nous atterrissions
brusquement . . .

Ce Jérôme! Il ne pense qu'à manger.

GLOUP!
Hé, mais où
est l'autobus?

et que nous descendions dans un tunnel tout noir.
Nous n'avions aucune idée de l'endroit où nous étions.
Mais comme d'habitude, Mme Friselis le savait, elle.
Elle nous a donc appris que nous étions
à l'intérieur d'un corps humain et que nous descendions
le long de l'oesophage, ce tube qui relie la gorge à l'estomac.
Mais la plupart d'entre nous étions trop inquiets
d'avoir abandonné Jérôme pour prêter attention
à ce qui se passait.

POURQUOI TON ESTOMAC GARGOUILLE?
par Philippe

Parfois, même si ton estomac est presque vide, il continue à broyer les aliments. C'est alors que les gaz de ton estomac produisent des gargouillis.

«Nous traversons l'estomac», a prévenu Mme Friselis. Ce n'était pas le calme plat là-dedans, au contraire. Les parois de l'estomac se dilataient et se contractaient, brassant et transformant la nourriture en une sorte de liquide épais. L'autobus tournait en rond, et les sucs digestifs éclaboussaient les vitres. Maintenant, nous savions quel était le sort de tous les aliments.

Notre estomac est une sorte de robot culinaire.
GLOUP!

Fermez les fenêtres, les enfants!

Pouah!

POURQUOI LES INTESTINS SONT ENROULÉS par Thomas

Les intestins d'un adulte mesurent 7,5 m. S'ils n'étaient pas enroulés sur eux-mêmes, il faudrait que nous soyons aussi grands qu'une maison.

ESTOMAC

LA NOURRITURE PASSE DE L'ESTOMAC À L'INTESTIN GRÊLE

LES DÉCHETS PASSENT PAR LE GROS INTESTIN

L'intestin grêle est un tube tout replié.
Les parois intérieures de ce tube sont couvertes de petits «doigts» appelés *villosités*.
«Les *villosités* contiennent de petits vaisseaux sanguins.
Les molécules alimentaires sont amenées dans ces vaisseaux sanguins, a dit Mme Friselis.
Lorsque les aliments pénètrent dans le sang, ils peuvent circuler dans tout le corps.»

Nous nous sommes sentis encore rapetisser, et Mme Friselis a conduit l'autobus dans une *villosité*.
Elle fonçait droit dans un vaisseau sanguin!

DE QUOI EST FAIT LE SANG ?
par Simone

Un peu plus de la moitié du sang est un liquide jaunâtre appelé <u>PLASMA</u>.

Le reste du sang est fait de cellules en suspension.

PLASMA

GLOBULES ROUGES

250,000,000

POURQUOI LE SANG EST ROUGE
par Sarah

À l'oeil nu, le sang a l'air rouge parce qu'il contient énormément de globules rouges. Dans chaque goutte de sang, il y a <u>250 millions</u> de globules rouges.

Nous étions donc dans le sang.
Mais, à notre grand étonnement,
ce n'était pas rouge.
«Le sang n'est pas qu'un simple liquide rouge,
a expliqué Mme Friselis.
Le sang est composé de cellules
flottant dans un liquide transparent.»
«Hé! Je vois des cellules qui ressemblent
à des soucoupes volantes rouges!»
s'est écrié l'un d'entre nous.
«Ce sont des globules rouges, a répondu Mme Friselis.
Les globules rouges transportent l'oxygène
des poumons vers toutes les cellules du corps.»

Tu as vu?

LES GLOBULES ROUGES TRANSPORTENT L'OXYGÈNE

MOLÉCULES DE NOURRITURE

1   2

LES GLOBULES BLAN

En regardant derrière nous, nous avons aperçu
un globule blanc qui poursuivait l'autobus.
«Les enfants, nous serions plus en sécurité
avec les globules rouges», a dit Mme Friselis.
Elle a saisi la poignée qui permet d'ouvrir
les portes de l'autobus.
«Non! Ne faites pas ça!» avons-nous crié en choeur!
Mais est-ce que Mme Friselis nous a jamais écoutés?
Les portes de l'autobus se sont ouvertes
toutes grandes.

Ce globule blanc
doit penser que
l'autobus est
un germe.

Pas fou, le globule!
L'autobus est
vraiment sale!

Nous avons été aspirés hors de l'autobus,
dans le courant sanguin.
«Que chacun s'accroche!» a crié Frisette.
Chaque élève a saisi un globule rouge
qui passait par là.
La dernière fois que nous avons vu
l'autobus, il s'enfonçait
dans un autre vaisseau sanguin,
poursuivi par le globule blanc!

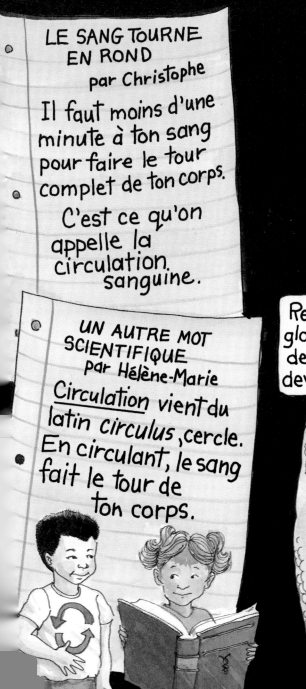

LE SANG TOURNE EN ROND
par Christophe

Il faut moins d'une minute à ton sang pour faire le tour complet de ton corps.

C'est ce qu'on appelle la circulation sanguine.

UN AUTRE MOT SCIENTIFIQUE
par Hélène-Marie

<u>Circulation</u> vient du latin circulus, cercle. En circulant, le sang fait le tour de ton corps.

Puis, nos globules rouges nous ont ramenés des poumons au coeur.
Cette fois-ci, nous étions dans la partie gauche du coeur, le côté qui envoie du sang frais vers le reste du corps.
«Les enfants, on dirait que ces globules rouges s'en vont au cerveau», nous a fait remarquer Mme Friselis.

Regarde! Quand les globules rouges reçoivent de l'oxygène, ils deviennent rouge vif.

PROVENANT DU POUMON DR

ALVÉOLE PULMO

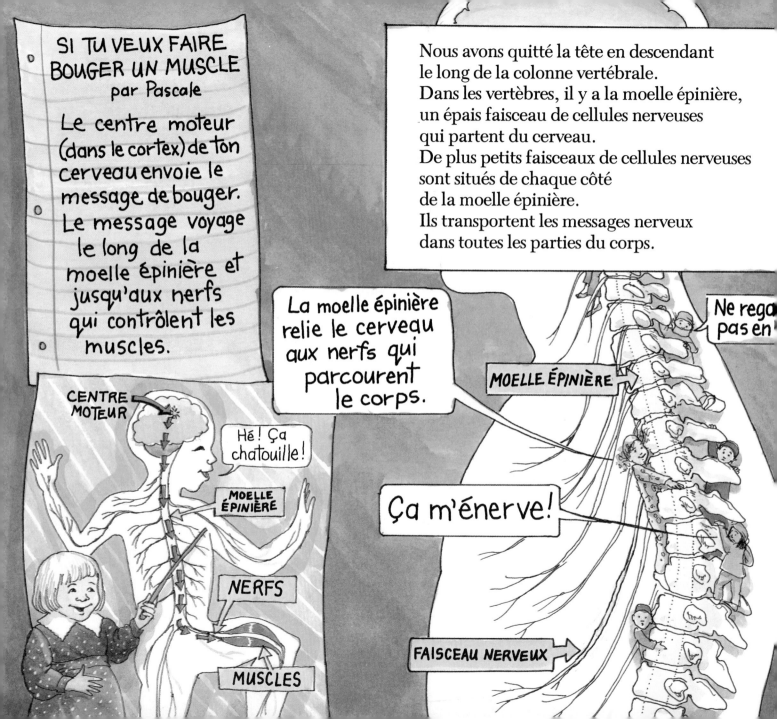

Nous avons suivi des nerfs qui se rendaient dans les muscles de la jambe. Les muscles de la jambe travaillaient fort. Ils avaient besoin de beaucoup d'énergie. Ils utilisaient beaucoup de substances nutritives et d'oxygène du sang. Le coeur battait plus vite pour transporter du sang frais aux cellules musculaires.

Nous sommes entrés dans un vaisseau
sanguin tout près.
Le sang se déplaçait si vite que nous avions
peur d'être séparés les uns des autres.
Mais, à ce moment précis,
nous avons aperçu l'autobus qui flottait
tout près de nous.
Quel soulagement!
Nous avons sauté à bord,
puis nous sommes de nouveau passés
par le coeur et les poumons,
refaisant le trajet inverse.

Les enfants, nous allons sortir du corps.

Calme-toi, on va rentrer bientôt.

Me calmer... quand je vois des cellules sanguines par la fenêtre?

Quand nous avons émergé du système sanguin,
nous nous sommes retrouvés dans une énorme caverne.
«Où sommes-nous?» a demandé un élève.
«Les enfants, nous voici
dans la cavité nasale», a répondu Mme Friselis.
«La quoi?» avons-nous demandé.
«L'intérieur du nez», a expliqué Frisette.
Soudain, nous avons entendu
un son assourdissant, une espèce de «A-a-a-ah!»

POURQUOI ON ÉTERNUE
par Véronique

Si quelque chose chatouille l'intérieur de ton nez, ce chatouillement est un message pour ton cerveau. Le cerveau te fait prendre une très grande inspiration (c'est quand tu dis : «Aaaah !») Puis ton cerveau ordonne aux muscles de ta poitrine de comprimer tes poumons.

L'air s'échappe à une vitesse de près de 160 km/h (c'est quand tu dis «Tchoum !»)

Puis, nous avons entendu : «TCHOUM!»

Les enfants, vous entendez un éternuement.

Tout corps étranger dans votre nez peut vous faire éternuer : une saleté, de la poussière ou des bactéries.

Un autobus scolaire aussi ?

Nous allions si vite
que nous ne pouvions rien voir,
mais nous nous apercevions que nous grandissions.
Puis, nous avons atterri dans un grand «POM!»
Eh oui, nous étions revenus à l'école!
Et Jérôme était planté là,
dans le parc de stationnement,
en train de se moucher.

«Jérôme! avons-nous crié.
L'excursion a vraiment été *étonnante*!
Tu as manqué quelque chose!»

Dans la classe,
tout était redevenu normal.
Mme Friselis nous a demandé
de dessiner un schéma
du corps humain
pour accrocher au babillard.

LES REINS NETTOIENT TON SANG ET FABRIQUENT DE L'URINE.

L'URINE EST EMMAGASINÉE DANS LA VESSIE.

REINS

VESSIE

FOIE

ESTOMAC

LE FOIE EMMAGASINE LES VITAMINES ET DÉTRUIT LES SUBSTANCES TOXIQUES.

IL FABRIQUE AUSSI DE LA BILE, UN LIQUIDE QUI AIDE À DIGÉRER LES ALIMENTS GRAS.

NERF

SANGUIN

OS

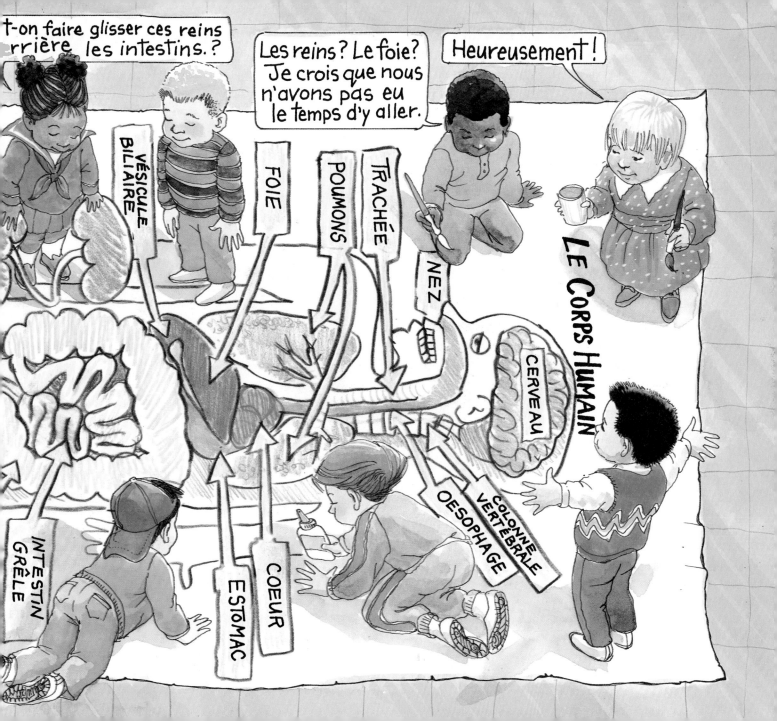

Un instant !
Réponds à ces questions !
Alors, pas de télé, pas
de collation, pas de
jeu vidéo... enfin pas
tout de suite ! Réponds
d'abord aux questions !

VRAI OU FAUX?

AVANT DE COMMENCER
Lis les énoncés suivants. Décide si chacun est vrai ou faux. Ensuite, vérifie si tu as la bonne réponse en consultant la page ci-contre.

QUESTIONS

1. Un autobus scolaire peut entrer dans le corps de quelqu'un et les élèves peuvent y faire une excursion. Vrai ou faux?

2. Les musées sont ennuyeux. Vrai ou faux?

3. Jérôme n'aurait pas dû essayer de revenir à l'école tout seul. Vrai ou faux?

4. Les enfants ne peuvent ni respirer ni parler lorsqu'ils baignent dans un liquide. Vrai ou faux?

5. Si les élèves étaient vraiment aussi petits que des cellules, nous ne pourrions les voir qu'à l'aide d'un microscope. Vrai ou faux?

6. Les globules blancs pourchassent et détruisent les germes des maladies. Vrai ou faux?

7. En fait, pendant tout ce temps, Mme Friselis savait où était Jérôme. Vrai ou faux?

RÉPONSES

1. Faux! C'est absolument impossible (même pour Jérôme). Mais l'auteur a fait semblant que cela se pouvait. Autrement, on aurait eu l'histoire d'une excursion de classe au musée, plutôt qu'un voyage à l'intérieur du corps humain.

2. Faux! Les musées sont intéressants et amusants. Cependant, on n'y vit pas d'expérience aussi bizarre et incroyable qu'un voyage dans le corps humain.

3. Vrai! En réalité, il aurait été plus sage et plus sûr de demander de l'aide à un agent de police.

4. Vrai! Si les élèves étaient *réellement* dans un vaisseau sanguin, ils se seraient noyés. C'est donc de la magie, tout cela.

5. Vrai! Les dessins de ce livre montrent les cellules et les enfants grossis plusieurs fois.

6. Vrai! Aussi incroyable que cela puisse sembler, les vrais globules blancs se comportent en réalité comme ceux de ce livre. Ils traversent les parois des vaisseaux sanguins pour capturer les germes dans les organes et les tissus.

7. Probablement vrai. Personne n'en est absolument sûr, mais la plupart des gens croient que Mme Friselis sait *tout*.

S'il te plaît, n'écris pas dans ce livre.

Merci.